널리 세상을 이롭게 하라

고조선 건국신화

한겨레 옛이야기 · 31

고조선 건국신화
ⓒ 조현설, 원혜영 2009

초판 1쇄 발행 2009년 8월 7일 | **20쇄 발행** 2022년 11월 15일

지은이 조현설 | **그린이** 원혜영 | **펴낸이** 이상훈 | **편집인** 김수영 | **본부장** 정진항 | **편집** 한겨레아이들
디자인 달·리 크리에이티브 | **마케팅** 김한성 조재성 박신영 김효진 김애린 오민정 | **사업지원** 정혜진 엄세영

펴낸곳 (주)한겨레엔 | **주소** 서울시 마포구 창전로 70 (신수동) 화수목빌딩 5층
전화 02-6383-1602~3 | **팩스** 02-6383-1610 | **출판등록** 2006년 1월 4일 제313-2006-00003호
홈페이지 www.hanibook.co.kr | **이메일** book@hanien.co.kr

ISBN 979-11-6040-921-5 73810
ISBN 978-89-8431-344-6 (세트)

- 값은 뒤표지에 있습니다.
- 이 책의 일부 또는 전부를 재사용하려면 반드시 저작권자와 (주)한겨레엔 양측의 동의를 얻어야 합니다.
- KC마크는 이 제품이 공통안전기준에 적합하였음을 의미합니다.
⚠ 책 모서리에 다치지 않게 주의하세요.

널리 세상을 이롭게 하라

고조선 건국신화

조현설 글 · 원혜영 그림

한겨레아이들

고조선을 세운 사람들

단군 고조선의 시조. 아사달에 도읍을 정하고 아침의 나라 고조선을 세운다.

부루, 부소, 부우, 부여
단군의 네 아들. 맏아들 부루는 고조선의 제2대 단군이 된다.

차례

환웅은 신시를 열고 단군은 조선을 세우다 • 8

웅녀, 태초의 이야기를 들려주다 • 24

우리 조선은 어떻게 시작되었는가 • 36

마고족의 항복을 받다 • 56

네 왕자에게 임무를 주다 • 66

태백산 산신이 된 단군 • 81

부루 단군, 범신 종족과 화해하다 • 92

해설_ 진짜 고조선 건국신화를 찾아서 • 104

환웅은 신시를 열고 단군은 조선을 세우다

높이가 이백여 리, 둘레가 천여 리에 이르는 산,
하늘로 치솟은 신령한 나무들과 약초들로 빽빽한 산,
동해로 서해로 남해로 흘러가는 세 줄기의 강,
구슬과 보배가 흘러나오는 강을 품은 산,
짐승들도 사람들도 순해지는 산,
태백산 아래 큰 고을이 있었습니다.

아픈 사람도 찾아오고,
배고픈 사람도 찾아오고,
다른 땅에서 쫓겨난 사람들도 찾아오는 고을,
누구나 들어가 살 수 있는 고을,
하늘에서 내려온 환웅이 다스리는 고을이 있었습니다.
신이 다스리는 신성한 고을,
신시라 부르는 고을이
태백산 아래, 태백산의 품에 안겨 있었습니다.

어느 날 아침, 환웅이 아들 단군을 조용히 불렀습니다.
"나는 이 세상에서 해야 할 일을 다 했다. 아흐레 뒤 해가 뜰 때 내 아버지가 있는 하늘나라로 돌아갈 것이다. 그동안 신시의 백성들이 많아지고 땅도 점점 넓어져 두루 돌보기가 어려워졌다. 이제 나라가 필요한 때가 되었다. 너는 이 신시를 바탕으로 나라를 열도록 하여라. 이것이 바로 나를 보내신 하늘님의 뜻이다."
"예. 하늘님의 뜻대로 새 나라를 열겠사옵니다."
단군은 힘차게 대답했습니다. 단군도 이제 나라를 열 때가 되었다고 생각했습니다. 그동안 신시의 여러 곳을 돌아보면서 어떻게 하면 백성들이 편안하게 살 수 있을까, 늘 궁리하고 있었으니까요. 마침내 자신의 생각을 펼칠 때가 온 것이지요. 나라를 세우라는 하늘님의 뜻은 환웅의 뜻이었고, 바로 단군의 뜻이기도 했습니다.

 단군은 곧 아버지 환웅의 승천* 의식을 준비했습니다. 하늘로 올라가는 문, 드높은 태백산 박달나무 아래 제단을 쌓고 정성스레 음식을 마련하였지요.

 신시의 백성들은 환웅을 위해 너도나도 달려 나왔습니다. 어떤 사람은 제사 음식을 내놓고, 어떤 사람은 불을 지피고, 어떤 사람은 제단을 쌓고, 어떤 사람은 그 제단을 꽃으로 꾸몄습니다. 모두 환웅에 대한 감사의 마음을 담았던 것이지요.

 드디어 승천의 날이 밝아 왔습니다.

 신시의 백성들은 이른 새벽부터 제단 아래로 모여들었습니다. 수많은 사람들이 흰옷을 입고 산을 오르자 마치 온 산에 하얀 꽃이 핀 듯했습니다. 사람들뿐만 아니라 짐승들도 신이 깃드는 나무, 신이 타고 오르는 나무인 태백산 박달나무를 향해 고개를 쭉

---

* 승천 : 하늘에 오름.

빼고 있었지요.

향연*이 피어오르고 둥둥둥 북소리가 울리는 가운데 환웅은 제단 위로 올라갔습니다. 이어 구름처럼 모여든 백성들을 향해 환웅이 입을 열었습니다.

"신시의 백성들이여, 신시의 신령들이여. 나, 하늘님 환인의 아들 환웅은 이제 때가 되어 하늘로 돌아가노라. 신시의 백성들이여, 그대들은 나의 아들 단군과 더불어 신시에 새로운 나라를 열도록 하여라. 그것이 나를 이 땅에 보내신 하늘님 환인의 뜻이니라. 빛나는 아침의 나라 조선을 열어 널리 온 세상을 이롭게 하여라."

환웅의 목소리는 천둥처럼 울려 퍼졌습니다. 그 목소리는 환웅을 우러르던 단군의 마음을 두드렸습니다. 신하들과 백성들도 모두 머리를 조아리며 환웅의 말을 마음속에 새기고 있었습니다.

그때 오색구름이 몰려와 박달나무와 제단을 휘감았습니다. 구름 속에서는 아름다운 음악이 울려 나왔고요. 잠시 뒤 하늘에서 한 줄기 빛이 박달나무 위로 내려왔습니다. 눈이 부셔 바로 쳐다

---

* 향연 : 향이 타며 나는 연기.

볼 수가 없었지요. 백성들은 놀랍고 두려워 머리를 들지 못했습니다.

　얼마나 시간이 지났을까, 음악 소리가 잦아들더니 구름이 걷혔습니다. 백성들이 고개를 들었을 때 환웅은 이미 보이지 않았어요. 오직 하늘을 우러르는 단군의 모습만 눈에 들어왔습니다. 백성들은 환웅이 박달나무에 올라, 빛줄기를 타고 하늘로 돌아갔다고 생각했습니다. 이제 백성들의 눈은 단군에게로 향했습니다. 단군이 무엇을, 어떻게 할까 궁금해하면서 말이지요.

　승천 의식을 마친 단군은 새로운 나라를 세울 준비를 했습니다. 무엇보다도 나랏일을 맡을 일꾼이 필요했지요. 사계절을 다스리던 바람의 신, 비의 신, 구름의 신도 환웅과 함께 하늘로 돌아갔기 때문입니다. 세 신만이 아니라 다른 신하들도 하늘로 돌아가 당장 일할 사람이 없었습니다.

　단군은 곧 신시의 여러 부족장들을 모았습니다.

　"나라를 세우는 데 여러분의 도움이 꼭 필요합니다."

　"저희들도 환웅님의 뜻을 잘 알고 있습니다. 이제부터 단군님을 저희들의 왕으로 모시겠습니다."

단군은 여러 부족장의 추천을 받아 세 신의 자리를 세 현자*에게 맡겼습니다. 바람, 비, 구름이 생기고 잦아드는 이치를 잘 아는 사람들이었지요.

곡식, 형벌, 질병, 군사에 관한 일을 맡을 신하들도 각 부족에서 뽑았습니다. 신하들은 역사를 기록하고, 나라의 법을 널리 알리기 위해 글자도 만들었습니다. 이렇게 하나하나 나라의 기틀을 마련해 갔지요.

준비를 마친 단군은 마침내 아사달에 나라를 세웠습니다. 하늘님의 뜻대로 빛나는 아침의 나라 조선을 연 것이지요. 단군은 이웃 나라와 종족들에게 나라가 세워졌음을 널리 알렸습니다.

그때 조선 주위에는 여러 종족이 있었습니다. 주로 대륙의 동쪽이나 동북쪽 지역에 살고 있었지요.

이들은 활을 잘 쏘았기 때문에 이족이라고 불렸는데, 모두 아홉 이족이 있었습니다. 단군은 그들에게 사신을 보냈습니다. 아홉 사신이 들고 간 문서에는 이렇게 적혀 있었지요.

* 현자 : 어질고 총명하여 본받을 만한 사람.

나는 새로 조선이라는 나라를 세운 단군 임금입니다. 여러분들은 나의 아버지 환웅 천왕이 신시를 열고 사방에서 모여드는 백성들을 다스렸다는 소식을 들었을 것입니다. 나는 아버지와 하늘님의 뜻을 받들어 태백산 아사달 땅에 조선을 세웠습니다. 여러분들은 각기 이름은 다르지만 본래 우리와 같은 뿌리에서 나온 종족들입니다.

아홉 이족들이여, 이 땅에 나라를 세운 하늘의 뜻에 따라 모두 조선의 한 겨레가 됩시다. 이 땅을 평화로운 땅으로 만들어 갑시다. 아홉 이족들이여, 부디 우리의 간절한 뜻을 저버리지 말아 주십시오.

아홉 이족들은 전부터 신시를 부러워하고 있었기 때문에 단군의 뜻을 어렵지 않게 받아들였습니다. 아홉 이족의 족장들은 사신을 따라 아사달에 들어왔습니다. 그리고 단군과 함께 태백산으로 올라갔습니다. 단군은 박달나무 아래에서 하늘에 제사를 지내고 난 뒤, 족장들의 손을 잡았습니다. 함께 조선의 백성이 되기로 맹세했던 거지요.

그 뒤 단군은 아홉 이족이 살고 있는 땅을 돌아보면서 백성들의

어려움을 살폈습니다. 농사를 짓고, 누에를 길러 옷감 짜는 법을 백성들에게 가르쳤지요. 뿐만 아니라 머리를 가지런히 땋고, 절을 하여 예의를 갖추는 법도 전해 주었어요. 단군의 가르침 덕에 이 족들은 예의를 아는 종족으로 널리 알려지게 되었습니다.

단군 임금은 나라의 기틀을 세우고 백성을 편안하게 하느라 쉬지 않고 일했습니다. 조선은 점점 자리를 잡아 갔습니다. 전쟁도 없고 굶주리는 사람도 없었지요.

하지만 신하들은 임금이 아직 왕비 없이 혼자 살고 있는 것이 늘 마음에 걸렸습니다.

어느 날 신하들이 단군 임금께 아뢰었습니다.

"이제 조선은 크고 평화로운 나라가 되었습니다. 그런데 아직도 임금님께서는 홀로 계시옵니다. 나라에 대를 잇는 자식이 없으면 평화가 오래가기 어렵습니다. 부디 어진 분을 왕비로 맞아 조선이 대대로 이어지도록 하시옵소서."

"나도 마침 그런 생각을 하고 있었소. 다들 어떤 여인이 왕비로 적합하다고 생각하시오?"

"임금님께서도 아시겠지만 압록강 지역에 '풍이'라고 불리는 이족이 있사옵니다. 이 종족은 모두 물의 신을 섬기는 풍습을 가

지고 있어 저들의 족장을 물을 다스리는 어른, 곧 '하백'이라고 부릅니다. 임금님께서도 지난 태백산 천제* 때 하백을 보셨을 것이옵니다. 저희들이 들으니 지금 하백에게는 성품이 어진 세 딸이 있다고 하옵니다. 그에게 사람을 보내 뜻을 물어보심이 어떠할런지요."

"그대들의 뜻을 따르겠소."

단군 임금이 보낸 사신을 맞은 하백은 이루 말할 수 없이 기뻤습니다. 딸이 왕비가 되면 자신은 임금의 장인이 되기 때문이지요. 하백은 세 딸 가운데 가장 총명하고 어여쁜 셋째 딸을 왕비로 보내기로 결정했습니다.

사신의 보고를 들은 단군 임금은 신하들에게 명을 내렸습니다.

"좋은 날을 잡고, 혼인 의례를 준비하시오."

별자리를 보는 신하가 다음 해 삼월 삼일을 혼례 일로 받았습니다. 신하들은 이웃 나라에 사신을 보내고, 조선의 백성들에게도 널리 혼

* 천제 : 하느님에게 지내는 제사.

레 소식을 알렸습니다.

드디어 새싹이 움트는 삼월 삼일, 성대한 혼인 의례가 열렸습니다. 이웃 나라 사신들과 족장들이 저마다 축하 선물을 들고 아사달로 모여들었어요. 하백도 화려하게 꾸민 신부를 데리고 단군 앞으로 나왔습니다.

혼인 의례는 제일 먼저 하늘님께 고하는 것으로 시작되었습니다. 북소리가 울리는 가운데 신랑 신부가 제천단 앞으로 나아갔지요.

"하늘님이시여, 환웅 천왕이시여! 당신의 아들 단군이 오늘 하백의 딸을 맞아 혼례를 치르나이다. 이 혼례를 축복해 주시고, 이 혼례로 인해 조선이 대대손손 이어지게 하소서."

단군 임금이 기원을 마치자 갑자기 하늘에서 한 줄기 빛이 내려와 신랑 신부를 감쌌습니다. 혼례에 참여한 손님들은 눈이 부셔 바라볼 수가 없었습니다. 모두 놀라 고개를 숙이고 절을 하는 사이 빛은 하늘로 올라갔지요.

그때 단군 임금이 돌아서서 백성들을 향해 낮은 목소리로 외쳤습니다.

"저 눈부신 빛 속에서 나는 소리를 들었소이다. 이 혼인을 축복하고, 이 나라가 대대손손 번영을 누릴 것이라는 하늘님의 음성을 똑똑히 들었소이다. 여러분들도 이 혼인을 축하해 주시오. 차린 음식을 먹으면서 오늘의 기쁨을 마음껏 누리시오."

"만세, 만세, 만세!"

백성들은 모두 환호성을 질렀습니다. 이웃 나라 사신들은 "과연 하늘님의 후손일세." 하며 입을 모았습니다. 축하의 말과 선물도 아끼지 않았지요.

그렇게 잔치는 사흘 밤낮으로 이어졌어요. 아침의 나라 조선의 경사는 사방으로 퍼져 나갔습니다.

하백의 딸을 왕비로 맞은 단군은 아들 넷을 연달아 낳았습니다. 첫째가 부루, 둘째가 부소, 셋째가 부우, 넷째가 부여였지요.

오랫동안 전쟁이 없어 나라는 편안하고, 해마다 풍년이 들어 백성들은 풍족했습니다. 그런 가운데 네 왕자들은 무럭무럭 씩씩하게 자랐습니다. 자라나는 왕자들을 바라보는 단군 임금의 꿈도, 조선이 다스리는 땅도 점점 넓어져 갔습니다.

웅녀, 태초의 이야기를 들려주다

넷째 부여의 아홉 살 생일이 지난 어느 날, 단군은 네 아들을 불렀습니다.

"오늘 모두 웅녀 할머니께 가 보아라. 전할 말씀이 있으실 거다."

네 왕자들은 모두 고개를 갸우뚱했지요.

별궁에 홀로 계시는 웅녀 할머니에 대해서는 가끔 이야기를 들었습니다. 환웅님이 하늘로 올라간 뒤 혼자 땅에 남아 계시다는 것, 조선 백성들 중 곰을 신으로 섬기는 곰신족은 모두 할머니를 신처럼 떠받든다는 이야기를 궁녀에게서 들은 적이 있어요. 하지만 할머니께 직접 듣지는 못했지요. 별궁의 할머니께는 아침마다 문안 인사를 드릴 뿐이었습니다.

그런 할머니가 어떤 이야기를 하실까, 네 형제는 모두 궁금해하며 별궁으로 향했습니다.

"할머니, 아바마마의 분부를 듣고 왔어요. 저희에게 하실 말씀이 있으시다면서요?"

장남 부루가 먼저 입을 열자 할머니는 손자들의 손을 잡고 자리에 앉혔습니다.

"다들 가까이 오려무나. 오늘은 내가 너희에게 긴 이야기를 들려주어야겠다. 내가 이 땅에 있을 날이 얼마 남지 않은 것 같으니 말이야."

왕자들은 그 말에 놀라 모두 눈을 크게 뜨고, 귀를 활짝 열었어요. 할머니는 눈을 감고 잠시 옛일을 생각하는 듯했어요. 그리고 천천히 눈을 뜨시더니 조용히 이야기를 시작했습니다.

"지금부터 내가 하는 말을 듣고 잘 기억해 두어야 한다."

"네, 할머니."

"너희들은 이 세상이 어떻게 시작되었는지 아느냐? 이제부터……."

"아버지께서 하늘에 제사를 드릴 때 뭐라고 읊으시는 걸 듣기는 했는데 제대로 알아듣진 못했어요."

막내 부여가 끼어들어 할머니의 말을 끊자 형들은 동생을 흘겨보며 입을 다물라는 눈짓을 보냈습니다.

"그래, 우리 막내 손자가 무척 궁금한 모양이로구나, 허허. 너희들의 할아버지가 누군지는 알고 있느냐?"

막내 부여가 이번에는 대답 대신 형들을 따라 고개만 끄덕였습니다.

"그래, 너희들은 그분을 뵌 적이 없지. 환웅 천왕, 바로 하늘님 환인의 아들이시지. 이 할미의 낭군님이기도 하고……. 그래서 다른 나라 사람들이 너희를 천신 종족이라고 부르는 거란다. 하늘의 핏줄을 받은 종족이란 뜻이지. 하늘과 땅, 온 세상은 바로 이 땅에 조선이라는 나라를 세우라고 하신 그분, 하늘님 환인이 만드신 거란다. 어떻게 만들었는지 아니?"

네 형제는 고개를 저었어요. 태초 이야기를 제대로 들어 본 적이 없기 때문이지요. 웅녀 할머니는 마치 눈앞에 보이는 것처럼 태초의 창조에 대해 이야기했습니다.

"처음에 세상은 아무것도 없는 캄캄한 어둠뿐이었어. 하늘과 땅이 맞붙어 있었고 해와 달도 없었지. 살아 있는 것이라고는 하나도 없었단다. 이 어둠 속에서 하늘님 환인이 나타나셨지. 하늘님은 빛을 가지고 있었고, 빛 그 자체이기도 했어. 그래서 어둠 속에 비로소 빛이 생겼던 거야.

빛과 어둠이 우주를 나눈 그때 빛이신 하늘님은 생각했단다. 하늘과 땅을 나누고, 해와 별을 만들고, 산천초목*을 이루어 생명이 살게 해야겠다고 말이야. 곧 자신과 함께 일할 신들을 만들어 냈지. 하늘님이 마음속으로 생각하면 그대로 신이 탄생했던 거야. 하늘님은 하늘과 땅을 다스릴 신을 생각했어. 그러자 한 신이 태어났는데 바로 환웅님이야. 너희들의 할아버지란다.

그 뒤 하늘님은 붙어 있던 하늘과 땅을 나누었어. 그리고 다시 붙지 못하도록 사방에 큰 기둥을 세웠지. 하늘님은 마음속으로 밤낮을 다스릴 신을 생각했어. 그러자 하늘에 해와 달이 떠올라 낮과 밤을 번갈아 비추었지.

* 산천초목 : 산과 내와 풀과 나무라는 뜻으로, '자연'을 이르는 말.

"천지가 나뉘었을 때 땅은 거대한 바다였어. 하늘님은 곧 바다 속으로 손을 뻗어 흙을 한 줌 집은 다음 바다 위에 뿌렸지. 그랬더니 뭍이 만들어지고 산이 솟아올랐어. 대지와 산맥이 햇살을 받자 산천은 풀과 나무로 뒤덮였지. 세상이 만들어진 거야. 하늘님은 환웅님에게 그 모습을 모두 지켜보게 하셨어. 장차 환웅님이 다스려야 할 하늘과 땅이었으니까."

"와, 신기해요. 하늘님은 대단하신 분이에요."

"할아버지가 그 모습을 다 지켜봤다니 정말 자랑스러워요."

넷째 부여와 셋째 부우가 연달아 탄성을 질렀습니다. 그때 묵묵히 듣고 있던 부루가 입을 열었어요.

"그럼 사람은 어떻게 생겨났어요? 사람도 하늘님께서 만드셨어요?"

"물론이지. 하늘님은 사람을 어떻게 만들까 궁리하다가 하늘나라 암록산에 있는 황토를 모았어. 그 황토로 남자와 여자를 빚은 다음, 자신의 마음을 그들에게 전해 주었단다. 그러자 황토인들이 생명을 얻어 움직이고 말을 하기 시작했지. 하늘님의 명을 받은 환웅님이 이들에게 아이를 낳아 기르며 살아가는 법을 가르치셨지. 한 해 두 해, 백 년 이백 년, 시간이 흐르면서 땅 위에는 사

람들이 점점 많아졌단다."

"그런데 이상해요, 할머니."

호기심이 많은 첫째 부루의 질문이 이어졌습니다.

"뭐가 이상하다는 거냐?"

"이야기를 듣다 보니 제가 전에 다른 이족한테 들은 이야기가 생각나요. 그 사람들은 미르라는 신이 사람을 만들었다고 하던데요?"

"네 말대로 그런 이야기가 있지. 하늘과 땅이 열리고 미르라는 신이 두 손에 금 쟁반과 은 쟁반을 들고 하늘을 향해 빌었다지? 하늘에서 벌레가 떨어졌는데 금 쟁반에 다섯 마리, 은 쟁반에 다섯 마리가 떨어져 남자와 여자로 변했다는 이야기지. 이들 다섯 쌍이 각각 부부가 되어 아이를 낳았고, 세월이 흐르면서 세상에 인류가 번성했다는 이야기 아니냐?"

"그러니까 이상하다는 거예요. 벌레가 변해 사람이 되었다는 게 믿기질 않아요. 미르는 또 누구죠?"

큰형 부루의 말에 동생들도 맞다는 듯 고개를 끄덕였어요.

"맞는 말이다. 이야기가 서로 다르니까 뭔가 이상하지? 그러나 이상할 건 없단다. 미르는 다름 아닌 바로 하늘님 환인이니까.

세상에 처음 인류가 만들어지고 오랜 세월이 지나 사람들이 많아졌지. 그 사람들이 서로 다른 곳에 살면서 서로 다른 종족이 되고, 서로 다른 말을 사용하게 된 거야. 그러니까 하늘님을 부르는 말도 달라지고, 하늘님이 세상을 만든 이야기도 조금씩 달라진 거지. 조선을 세운 우리 종족은 하늘님이 흙으로 사람을 빚었다고 전하고, 서쪽에 사는 이족들은 벌레가 사람으로 변했다고 이야기하는 거란다. 이제 알겠느냐?"

큰형 부루는 고개를 끄덕였지만, 동생들은 갸우뚱했어요.

"다른 이야기가 있는데 더 들어 보겠니?"

네 형제들은 다시 눈빛을 반짝이며 고개를 끄덕였습니다. 웅녀 할머니 입에서 또 다른 옛날이야기가 흘러나오기 시작했어요.

"이건 세상 사람들이 서로 다른 종족이 되고 서로 다른 말을 하기 전의 일이란다. 하늘님이 사람을 만든 뒤 세상에 사람들이 많아졌다고 했지? 그러던 어느 날 갑자기 큰비가 내리기 시작했어. 하루 이틀이 아니라 구십구 일 동안 쉬지 않고 내렸지. 홍수 때문에 온 땅이 물로 뒤덮이고 땅 위의 모든 생명들이 죽어 갔어. 사람들은 자신들이 무슨 잘못을 저질렀는가 싶어 하늘님께 용서를 빌었지만 소용이 없었어.

비가 그치고 물이 점점 줄어들었을 때 세상에 살아남은 사람은 태백산 꼭대기로 피한 오누이밖에 없었단다. 오누이는 자신들 말고는 어디에도 살아남은 사람이 없는 것을 알게 되자 두려웠어. 자신들이 죽으면 땅 위에서 영영 사람이 사라지게 될까 봐 말이야. 그래서 오누이는 하늘님의 뜻을 알아보고자 했단다.

두 사람은 암맷돌*과 수맷돌*을 지고 산봉우리로 올라가 하늘에 기도를 한 뒤 산 아래로 굴렸어. 그랬더니 약속이나 한 듯 맷돌이 서로 딱 붙는 거야. 결혼을 하라는 하늘님의 뜻이었지. 그래도 그 뜻을 믿기 어려웠던 오누이는 이번에는 다른 산봉우리에 올라가 각각 불을 지폈어. 그런데 연기가 피어오르더니 하늘에서 만나 새끼줄처럼 한 가닥으로 꼬였단다. 여전히 하늘의 뜻은 같았던 거야. 오누이는 마지막으로 한 번만 더 물어보기로 했어. 이번에는 맑은 물을 떠 놓고 거기에 두 사람의 피를 한 방울씩 떨어뜨렸지. 그러자 물에서는 섞이지 않는 핏방울이 서로 끌어당겨 한 덩어리가 되었어.

마침내 오누이는 하늘님의 뜻을 거역할 수 없다고 여겨 결혼을

* 암맷돌 : 맷돌의 아랫부분.
* 수맷돌 : 맷돌의 윗부분.

했단다. 그래서 많은 아이들을 낳았지. 이 땅 위에 사는 사람들은 모두 이 오누이의 후손이란다. 오누이를 부르는 이름은 종족마다 조금씩 다르지만 다들 홍수와 오누이 이야기를 전하고 있단다. 어때? 까마득한 옛적에 일어난 이야기가 재미있니?"

네 손자들은 할머니가 들려주는 이상하고도 재미있는 이야기에 빠져 시간 가는 줄도 몰랐습니다. 막내 부여가 날이 어두워지는 것을 보면서도 자꾸 졸랐어요.

"할머니 또 해 주세요. 정말 재미있어요."

"날이 어두워졌으니 오늘은 그만하자꾸나. 너희는 오늘 내가 한 이야기를 잘 기억해 두거라. 그리하여 너희 자식들에게도, 이 나라 백성들에게도 잘 전해 주어야 한다. 우리의 역사니까 말이다. 역사를 대대로 전하는 것이 하늘님 환인의 뜻이란다."

네 형제는 할머니가 머무는 별궁을 나서면서 별이 떠오르기 시작한 하늘을 올려다보았습니다. 이제 네 형제는 우주가 어떻게 만들어졌는지, 누가 우주를 만들고 별을 반짝이게 하는지 알 것 같았습니다.

우리 조선은 어떻게 시작되었는가

 둥 둥 둥, 태백산 제천단의 북소리가 높이 울려 퍼졌습니다. 조선의 건국을 기념하는 시월 축제를 알리는 소리였습니다. 또한 축제의 첫 행사인 제천 의식*을 알리는 북소리이기도 했지요.
 둥 둥 둥, 낮은 북소리에 맞춰 시가 흘러나왔습니다. 제천 의식

* 제천 의식 : 하늘을 숭배하고 제사 지내는 의식.

의 꽃인 서사시를 낭송하는 목소리, 낭랑하고도 우렁찬 단군 임금의 목소리가 박달나무 아래로 울려 퍼졌습니다.

아, 저 하늘과 땅은 어떻게 생겨났는가?
저 산천초목과 짐승들은, 또 사람들은
어떻게 이 땅 위에 살게 되었는가?
우리 조선은 어떻게 시작되었는가?

처음에 세상에는 아무것도 없었다네.
하늘과 땅은 맞붙어 깜깜한 어둠이었다네.
그 어둠 속에서 솟아난 빛 하늘님 환인.
환인이 천지를 열고 해와 달을 만들고
땅을 만들고 산천초목을 만들었다네.

아, 저 하늘과 땅은 어떻게 생겨났는가?
저 산천초목과 짐승들은, 또 사람들은
어떻게 이 땅 위에 살게 되었는가?
우리 조선은 어떻게 시작되었는가?

> 하늘님 환인이 하늘 압록산의 누런 흙으로
> 이리저리 남녀를 빚어 마음을 주었다네.
> 마음을 얻은 사람들 숨 쉬고 뛰어다니며
> 사랑을 나누고 아이들을 낳았다네.

시는 환웅님의 신시와 조선의 건국까지 이어졌습니다. 낭송에 맞춰 북소리도 높아졌다가 잦아들었지요. 낭송을 마친 단군 임금의 얼굴은 햇살을 받아 붉게 빛나고 있었어요.

제천 의식이 끝나자 축제는 더욱 신명이 나기 시작합니다. 축제는 사흘 밤낮으로 이어졌고, 아사달은 먹고 마시고 노는 사람들로 떠나갈 듯했습니다.

한편에서는 말타기, 씨름, 줄다리기와 같은 놀이가 벌어지고, 한편에서는 줄을 타고 재주를 넘는 광대들의 놀이판이 열렸어요. 밤이면 달빛 아래서 강강술래를 하듯 서로 손을 잡고 빙빙 돌며 춤을 추었지요.

축제에는 왕자들도 함께했습니다. 건국을 축하하고 백성들의 마음도 어루만지는 자리였으니까요. 첫날 축제가 마무리될 무렵 둘째 부소가 형에게 물었습니다.

"그런데 형님, 낮에 제천 의식에서 아바마마가 낭송하신 게 뭔가요? 작년에도 들었지만 여전히 무슨 말인지 잘 모르겠어요."

부소 왕자의 말에 부우와 부여도 고개를 끄덕였습니다.

"사람이 어떻게 만들어졌는지, 우리나라가 어떻게 세워졌는지, 인류와 조선의 역사를 이야기하는 거래. 여러 번 들어서 대강은 알지만 자세히는 몰라."

"그럼 언제 아바마마께 여쭤 보면 어떨까? 아니면 내가 할머니한테 여쭤 볼까?"

막내 부여 왕자가 재잘거렸습니다.

"그래. 언제 기회 봐서 내가 한번 여쭤 볼게."

부루 왕자가 웃으면서 막내의 머리를 쓰다듬었습니다. 웃고 있는 네 왕자의 머리 위로 별빛이 쏟아지고 있었습니다.

그 무렵 단군 임금도 왕자들과 같은 생각을 하고 있었습니다. 언젠가는 왕자들에게 조선의 첫 역사를 이야기해 주어야겠다고 말이지요. 장차 나라를 다스릴 왕자들에게 나라의 역사를 아는 것보다 중요한 것은 없으니까요.

며칠 뒤 막내 부여의 생일 잔치가 끝난 다음 단군 임금은 왕자들을 모두 불러 모았습니다.

"막내가 열 살이 되었으니 부루는 열세 살, 부소는 열두 살, 부우는 열한 살이 되었구나. 이제 모두 하늘님의 후손으로서 세상의 이치를 알 만한 나이가 되었다. 앞으로 이 나라를 다스리게 될 너희에게 이 나라의 역사와 조상들에 대해 알려 주고 싶구나. 전에 태초에 대한 이야기를 할머니한테 들은 적이 있지? 그 뒤에 우리 조선이 어떻게 시작되었는지 알고들 있느냐? 오늘 생일인 부여부터 말해 보거라."

"제천 의식 때 곰과 호랑이가 만난 이야기를 조금 듣긴 했는데……. 자세히는 모르겠어요."

"그럼 지금부터 조선의 건국 이야기를 들려줄 테니 잘 기억해 두어라. 후손에게 반드시 전해야 할 우리의 역사니 말이다."

네 왕자는 웅녀 할머니에게 태초 이야기를 듣던 때보다 더 귀를 기울였어요. 앞으로 자신들이 다스려 나갈 나라의 이야기였으니까요.

"할머니한테 하늘님 환인에 대해 들었을 거다. 하늘님은 우주를 만드신 분이지. 하늘님이 우주와 천지를 만들 때 환웅님을 낳았다는 이야기도 들었지? 그때 하늘님은 환웅님만 낳으신 게 아니라 많은 신들을 생각으로 낳으셨어. 그 신들은 지금도 하늘나

라에서 우주의 움직임과 세상의 생명들을 지키고 계시단다. 환웅님은 그 신들 가운데 으뜸이고, 하늘님을 대신해서 일하는 분이시지. 그런데 너희들의 할아버지인 환웅님께서는 땅 위의 인간 세상에 특히 관심이 많으셨단다. 이미 그걸 알고 계셨던 하늘님은 환웅님을 땅으로 내려보내 인간 세상을 이롭게 하는 일을 맡기려고 하셨어. 그래서 환웅님을 불러 태백산으로 내려가 사람들을 가르치고 도와주라고 명하셨지.

태백산은 우리 조선이 가장 신성하게 여기는 산이란다. 우리가 제천 의식을 드리는 산, 신성한 박달나무가 하늘에 닿을 듯 뻗어 있는 바로 그 산 말이다."

"그런데 환웅님은 어떻게 하늘에서 내려오셨어요? 줄을 타고 오셨어요, 아니면 새를 타고 오셨어요?"

궁금함을 참지 못한 부여 왕자가 끼어들었어요. 단군 임금은 웃으면서 대답했어요.

"막내가 궁금한 게 많구나. 환웅님은 하늘님이 주신 천부인 세 개를 들고 삼천 명이나 되는 무리를 이끌고 내려왔단다. 그 많은 하늘나라 사람들이 어떻게 내려왔을까? 우리 조선 사람들이 가장 신성히 여기는 게 뭐지? 바로 빛이야. 조선이라는 이름도 아

침 햇빛을 뜻하지 않느냐. 환웅님은 무리를 거느리고 빛을 타고 내려오셨단다. 눈 깜짝할 사이에."

막내 부여 왕자는 놀라 입을 벌리고 있는데 생각이 깊은 둘째 부소 왕자가 조용히 입을 열었습니다.

"아바마마, 하늘님이 주셨다는 천부인이 무엇입니까?"

"천부인은 하늘님의 자손이라는 것을 증명해 주는 물건이란다. 천부인이 있어야만 땅에서 하늘로 다시 올라갈 수가 있지. 천부인은 바로 신성한 거울과 칼과 북을 말하는 거란다. 환웅 아버지가 승천하실 때 내게 남기고 가신 조선의 보물이고, 내가 제천 의식을 할 때 사용하는 신물*들이란다."

"왜 꼭 거울, 칼, 북이어야 할까요?"

부소 왕자가 다시 물었습니다.

"왜 그랬을까? 혹시 너희들은 알고 있느냐?"

첫째 부루도, 나머지 두 동생도 대답하지 못했습니다.

"너희는 이 나라의 왕자이니 알아 둘 필요가 있겠구나. 청동 거울은 얼굴을 비출 뿐만 아니라 마음까지도 비추지. 내가 들여다

* 신물 : 신령스럽고 기묘한 물건.

보고 있으면 죽은 사람들의 혼도 보인단다. 청동 거울은 살아 있는 사람의 마음을 비출 뿐 아니라 죽은 사람의 혼까지 위로해 주는 신령한 거울이다.

칼은 어떨 것 같니? 칼을 가진 사람은 힘이 있지. 그래서 칼은 힘, 즉 왕권*을 뜻하는 천부인이야. 내가 칼을 높이 쳐들면 신하들과 군사들이 무릎을 꿇는 것도 그 때문이란다.

마지막으로 북은 둥둥 소리를 내지. 소리는 멀리 날아가 하늘에 닿아. 그래서 제천 의식 때 북을 치면서 하늘님을 부르는 거란다. 그 소리는 울려 퍼져 하늘뿐만 아니라 백성들의 마음에도, 산천과 초목에도 닿는다. 그래서 백성과 산천초목을 편안하게 만들지. 하늘님 환인의 자손이라면, 이 나라의 임금이라면 이런 능력이 있어야 한단다. 천부인의 뜻이 여기에 있다, 알겠느냐?"

네 왕자는 모두 고개를 끄덕였습니다. 아버지가 굿을 할 때 허리에 차고 있던 청동 거울과 칼, 이야기를 읊으며 두드리던 북이 가진 의미를 알게 되었기 때문이었어요.

단군 임금은 흐뭇한 얼굴로 이야기를 이어 갔습니다.

＊ 왕권 : 임금이 지닌 권력이나 권리.

"다시 조선을 세운 이야기를 할 테니 들어 보아라. 환웅님은 태백산 꼭대기의 신성한 박달나무 아래로 내려와 자리를 잡고 그곳을 신시라 불렀다. 신들이 머무는 곳이란 뜻이지. 환웅님은 그곳에서 바람의 신 풍백, 비의 신 우사, 구름의 신 운사에게 인간 살이의 모든 일을 다스리도록 명하셨지. 곡식을 잘 자라게 하는 일, 목숨의 길고 짧음, 병을 치료하는 일, 죄인들에게 형벌을 내리는 일, 선하고 악한 것을 판단하는 일을 세 신들이 맡아 다스렸던 거야. 물론 환웅님의 허락을 받고 말이야.

또 환웅님은 사방에서 모여드는 백성들에게, 누에를 키워 실을 잣고 옷을 지어 입는 법과 사람과 사람 사이에 지켜야 할 도리도 가르쳤단다. 널리 세상을 이롭게 하라는 하늘님의 뜻이 태백산 신시에서 이루어졌던 거야. 신시는 우리 조선의 품과 같은 곳이란다."

"그런데 곰과 호랑이 이야기는 언제 나와요?"

막내 부여 왕자가 또 끼어들었어요. 형들은 모두 마음속으로 신시를 그려 보고 있는데 말이지요.

"알았다. 막내가 제일 궁금한 게 그것이로구나. 환웅님이 신시를 다스릴 때 태백산 자락의 한 굴에 곰 한 마리와 범 한 마리가

같이 살고 있었단다. 두 짐승도 신시의 백성들처럼 환웅님의 가르침에 감동을 받았는지 날마다 찾아와 사람이 되게 해 달라고 빌었지. 환웅님은 그들을 시험해 보려고 쑥 한 묶음과 마늘 스무 개를 주면서 '너희가 이것을 먹고 삼칠일 동안 햇빛을 보지 않고 견딘다면 사람이 될 수 있을 것이다.' 라고 하셨단다.

곰과 범은 굴로 돌아가 처음 먹어 보는 쑥과 마늘을 먹으면서 삼칠일, 곧 스무하루가 빨리 지나가기를 참고 기다렸지. 그런데 범은 약속을 끝까지 지키지 못했어. 쑥과 마늘을 먹기가 힘들어지자 참지 못하고 굴 밖으로 뛰쳐나갔던 거야. 끝까지 약속을 지킨 곰은 마침내 여자가 되었지.

여자가 된 곰은 늘 박달나무 아래에서 결혼하여 아기를 낳게 해 달라고 기도를 드렸어. 정성에 감동한 환웅 천왕님이 잠시 사람으로 변신하여 그 여인과 혼인을 했단다. 그분이 바로 지금 별궁에 계시는 너희들의 할머니 웅녀이시다."

"정말 할머니가 곰이었어요? 이름만 그런 게 아니고요?"
묵묵히 듣던 셋째 부우가 믿을 수 없다는 듯 되물었어요.
"곰일 수도 있고, 아닐 수도 있지."
"그런 말이 어디 있어요."

"내 말을 잘 들어 보아라. 환웅 천왕이 삼천 명이나 되는 하늘나라 사람들을 거느리고 태백산으로 내려왔을 때 땅 위에 아무도 없었겠느냐? 대홍수 뒤에 땅 위에는 사람들이 점점 늘어났고, 여기저기 퍼져 여러 종족을 이루고 있었단다. 태백산 지역에도 많은 종족들이 살고 있었는데 너희 할머니 웅녀는 곰을 조상신으로 모시는 곰신 종족이었어. 족장의 딸이었지.

환웅 천왕께서 신시를 연 뒤 많은 종족들이 모여들어 신시의 백성이 되길 원했는데, 곰신 종족은 그 가운데 가장 큰 종족이었단다. 신시의 평화를 위해, 또 하늘님의 뜻인 나라를 세울 인물을 낳기 위해 곰신 종족과 환웅 천왕님은 손을 잡을 필요가 있었던 거지. 서로 한마음이라는 것을 가장 분명하게 보여 줄 수 있는 것이 결혼이지. 그래서 환웅 천왕님이 곰신 종족의 족장 딸과 결혼을 한 거란다. 알겠느냐?"

"그럼 웅녀 할머니가 곰이 아니라 원래부터 사람이었다는 말이잖아요."

부우가 다시 묻자 다른 왕자들도 고개를 끄덕였어요. 단군 임금은 기다렸다는 듯 다음 말을 이어 갔습니다.

"부우야, 네 말이 맞다. 그런데 곰신 종족은 자신들이 정말 곰

어머니의 후손이라고 믿고 있단다. 너희들 할머니께서 해 주신 이야긴데, 어떤 사냥꾼이 사냥을 하러 갔다가 암곰에게 붙잡혀 동굴에서 함께 살았다는구나. 곰은 동굴 안에서는 가죽을 벗고 아름다운 여자로 변했기 때문에 함께 살 수 있었지. 몇 년을 함께 지내는 동안 아이도 낳았는데 어느 날 사냥꾼이 원래 집으로 돌아가고 싶어 암곰이 사냥을 나간 사이에 도망을 쳤다는 거야. 뒤늦게 암곰이 아이를 안고 쫓아왔는데 사냥꾼이 배를 타고 강을 건너가 버리자 화가 나서 아이를 찢어 반쪽을 사냥꾼에게 던졌대. 그 반쪽 아이로부터 곰신 종족이 시작되었다는구나. 그러니까 암곰이 곰신 종족을 낳은 첫 어머니가 되는 거지. 그래서 곰신 종족은 곰을 조상신으로 모시는 거고. 너희 할머니의 몸 속에는 곰신의 피가 흐르고 있는 거야.

이제 곰일 수도 있고 아닐 수도 있다는 말을 다들 이해하겠느냐? 환웅 천왕님은 곰신 종족을 받아들이는 대신 신시의 예의와 법도를 따르겠다는 서약을 하라고 했지. 쑥과 마늘만 먹으면서 삼칠일 동안 햇빛을 보지 말라는 금기가 바로 서약이었다."

"그럼 범은 무엇입니까?"

그때까지 말이 없던 첫째 왕자 부루가 물었습니다.

"안 그래도 그 이야기를 하려던 참이다. 곰신 종족만이 아니라 범신 종족도 신시의 백성이 되려고 했지. 그리고 조선을 세우는 데 참여하고 싶어 했어. 그래서 환웅 천왕님은 두 종족을 경쟁시킨 거야. 범신 종족은 시합에서 졌기 때문에 환웅 천왕님과 결혼을 할 수 없었던 거란다. 이제 좀 이해가 되느냐?"

"환웅 할아버지와 웅녀 할머니가 혼인을 해서 낳은 분이 바로 아버지라는 거죠?"

막내 부여가 자랑스럽다는 듯이 말했습니다. 단군 임금은 대견한 듯 부여 왕자의 등을 두드리더니 다른 왕자들을 향해 입을 열었어요. 단군 임금의 목소리에는 아까보다 더 힘이 들어가 있었어요.

"내가 스무 살이 되었을 때 아버지 환웅 천왕께서 하늘로 돌아가셨다. 나에게 새로운 나라를 세우라는 하늘님의 뜻을 전하셨지. 그래서 세운 나라가 바로 우리 조선이다. 이제 조선을 세운 지도 스무 해가 다 되어 간다. 그동안 나라의 기틀을 잡느라 많은 시간이 흘렀구나. 앞으로도 이 나라를 위해, 백성들을 위해 할 일이 너무도 많으니 너희들이 나를 도와야 한다. 알겠느냐?"

"예! 명심하겠습니다."

네 왕자의 얼굴에 밝은 빛이 넘쳐흘렀습니다.

마고족의 항복을 받다

그 무렵 조선에는 어려운 일이 생겼습니다. 이족을 비롯한 많은 종족들이 조선의 백성이 되겠다고 찾아왔지만 한편으로는 조선이 커지는 데 불만을 가진 종족들도 있었어요. 멀리 북쪽의 마고성에 사는 마고족도 그 가운데 하나였지요.

마고족은 마고라는 여자 족장이 이끌었어요. 마고족은 여자가 남자보다 더 씩씩한 종족이었어요. 한 집안에서 제일 존경받는

어른도 할아버지가 아닌 할머니였지요. 그래서 족장을 마고할미라고 불렀습니다.

마고족은 마고할미가 이 세상도 만들었고, 흙으로 사람과 짐승도 만들었다고 이야기했습니다. 아이를 낳고 기르는 것도 마고할미가 도와준다고 생각했고요.

단군 임금은 조선이 커지는 데 불만을 가진 마고족이 북쪽에 있으면 조선이 편안할 수 없다고 생각했어요. 단군 임금은 신하들을 불러 회의를 열었습니다.

"마고족을 어떻게 했으면 좋겠소?"

"마고족은 위험한 종족입니다. 당장 공격해서 굴복시켜야 합니다."

군사를 맡고 있는 신하가 목소리를 높였습니다.

"제가 알기로는 마고족은 평화를 사랑한다고 합니다. 무작정 공격하기보다는 사신을 보내 평화롭게 지내자고 협정을 맺는 것이 더 좋을 것입니다. 우리 조선은 전쟁보다는 평화를 더 중요하게 여기고 있습니다. 우리가 나라를 세운 뜻도 거기 있습니다."

신하들 가운데 가장 나이가 많은 아란 현자가 낮지만 힘 있게 말했습니다.

"아란 현자의 말이 맞소. 우리 조선은 전쟁을 일삼아선 안 되오. 우리가 먼저 사신을 보냅시다. 조선의 백성이 되어 함께 평화롭게 살자고 말이지요."

불만이 있는 신하들도 있었지만 대부분 단군 임금의 결정을 존중했습니다.

얼마 뒤 단군 임금이 마고족에게 보낸 사신이 돌아왔습니다.

"마고 족장이 전하는 말을 아뢰옵니다. 마고족은 조선처럼 평화를 사랑하지만 조선의 백성이 될 생각은 없다고 했사옵니다. 자존심이 대단히 강한 종족인 듯하옵니다."

사신의 말을 들은 단군 임금은 이제 어쩔 수 없다고 생각했습니다. 평화를 사랑한다지만 조선에 불만을 가진 마고족이 북쪽에 있다는 것은 불안한 일이었으니까요. 술렁이는 백성들의 마음도 다독여야 했지요. 그리하여 단군은 군사를 일으켰어요. 조선과 마고족 사이에 피할 수 없는 전쟁이 일어난 것이지요.

그러나 전쟁은 오래가지 않았습니다. 마고족은 자존심은 셌지만 그것을 지킬 힘이 부족했어요. 전쟁에 나설 수 있는 군사의 수도 조선보다 적었고, 칼이나 창과 같은 쇠로 된 무기도 변변치 않았어요. 결국 마고족은 마고성의 문을 꼭꼭 걸어 잠그고 싸울 수밖에 없었습니다. 그에 반해 조선은 전혀 급할 것이 없었어요. 군사도 많고, 양식도 충분했기 때문이지요. 많은 사람들이 죽고 다치는 걸 원하지 않았던 조선군은 강하게 공격하지 않았어요. 가끔씩 화살을 쏘고, 발석차*로 돌을 날리면서 위협을 줄 뿐이었어요.

마고 족장 마고할미는 이길 수 없는 싸움이라고 생각했습니다. 더 이상 백성을 희생시킬 수 없었던 마고할미는 곧 남녀 장수들을 불러 모았습니다.

"조선군이 공격하는 것을 보았지요? 저들은 시간을 끌고 있어요. 한 달이고 두 달이고 우리가 항복할 때까지는 절대로 물러서지 않을 것이오. 백성들을 살리려면 마고산에 들어가 군사를 키우며 때를 기다리는 것이 좋을 것 같소. 장군들의 의견은 어떠하오?"

장수들은 모두 말이 없었습니다. 다른 길이 없었기 때문이지요. 그날 밤, 마고할미는 장수들과 더불어 비밀 통로를 이용해 성을 탈출했습니다. 백성을 살리기 위해 일단 마고성을 조선에

---

* 발석차 : 한꺼번에 큰 돌 여러 개를 쏘아 날릴 수 있는 무기.

넘겨준 것입니다.

　마고할미는 아홉 명의 남녀 장수와 그 부하들을 이끌고 마고족이 신성하게 여기는 산, 마고산 깊숙이 들어갔습니다. 다른 종족들은 모르는 마고족만의 비밀 장소였지요.

　탈출한 지 한 달쯤 지날 무렵이었어요. 군사 훈련에 열중하던 마고할미는 마고성의 소식이 궁금해졌습니다. 그래서 한 장수를 보내 마고성의 상황을 엿보게 했어요. 상황을 살핀 다음 마고성을 되찾을 생각을 했던 것이지요.

　그런데 며칠 뒤 돌아온 장수는 놀라운 보고를 했습니다.

　"족장님, 참으로 믿을 수 없는 일이옵니다. 우리 종족들이 조선의 포로가 되어 고생하는 줄 알았는데 전혀 그렇지가 않았습니다. 우리 백성은 조선 백성과 똑같은 대우를 받고 있었습니다.

　제가 만나 본 몇몇 사람들 이야기로는 마고 족장님이 다스릴 때나 지금이나 편하긴 마찬가진데 먹을 것은 지금이 더 넉넉하다고 합니다. 아마도 우리가 성 밖에서 공격할 때 성안에서 우리를 도와줄 백성들을 찾기는 어려울 것 같사옵니다."

　마고할미는 그 말을 믿기가 어려웠습니다. 그래서 직접 눈으로 살피기로 했어요. 마고할미는 아홉 장수들을 모두 데리고 마고성의 비밀 통로로 몰래 숨어 들어갔습니다. 변장을 하고 성안 여기저기를 살폈지요. 그러나 상황은 보고받은 그대로였습니다. 모두들 평화롭게 잘 살고 있었으니까요. 마고할미는 단군 임금이 대단한 사람이라고 생각하면서 다시 성을 빠져나갔습니다.

마고산으로 돌아온 마고할미는 부하 장수들을 모두 불렀습니다.

"그대들도 보았듯이 마고성은 이제 완전히 조선의 품 안으로 들어갔소. 조선의 임금 단군은 힘으로 마고성을 얻은 것이 아니라 마음으로 얻은 것이라는 생각이 들었소.

우리 종족들이 편안하게 산다면 누가 다스린들 어떻겠소. 나는 이제 마고성으로 돌아가 단군에게 항복하려고 하오. 장군들의 생각은 어떻소?"

마고할미의 말에 아홉 장수들은 아무 대답도 하지 못했습니다. 따르던 군사들도 그저 눈물을 훔칠 뿐이었습니다.

마고할미는 곧 단군 임금에게 장수를 보내 항복의 뜻을 전했습니다. 단군은 크게 기뻐하며 마고 족장과 장수들을 모두 조선의 백성들로 받아들이겠다고 약속했습니다.

단군은 마고할미를 맞이하는 성대한 의식을 베풀었어요. 사실은 항복 의식이었지만 주변의 이족들과 이웃 나라의 사신들도 참

석하여 축하를 보내는 동맹 의식처럼 치러졌습니다. 마고족과 마고족장의 자존심을 지켜 주려는 단군의 배려였지요. 항복 의식이 끝난 뒤 단군이 마고할미에게 다시 마고성을 다스리게 한 것은 그런 배려 가운데 가장 큰 배려였습니다.

　마고성은, 마고족이 조선의 백성이 된 것 빼고는 전쟁 이전과 똑같은 모습으로 돌아갔습니다. 다시 평화로운 날이 찾아온 것이지요.

네 왕자에게 임무를 주다

 마고족과 조선의 전쟁은 새 나라 조선과 단군 임금의 이름을 사방에 드날린 사건이 되었습니다. 그 뒤로 더 많은 종족들이 조선의 백성이 되겠다고 스스로 찾아왔으니까요. 많은 종족들이 조선의 이름 아래 모이면서 조선 땅은 점점 넓어지고 백성은 점점 많아졌습니다.
 해가 흐를수록 나라 안팎으로 여러 문제들이 생기기 시작했습니다. 크고 작은 싸움이 일어났고, 이웃 나라와 경계 다툼도 생겨났습니다. 작은 나라였을 때와는 달리 가난한 백성들도 많아졌습니다. 단군 임금이 해야 할 일이 점점 많아지고 복잡해졌다는 뜻이지요.

단군 임금은 이제 자신의 일을 왕자들에게 맡길 때가 되었다고 생각했어요. 언젠가는 나라를 왕자들에게 물려주어야 할 테니까요. 하지만 일을 맡기기 전에 왕자들의 재능을 시험해 보고 싶었습니다.

어느 날 단군 임금은 네 왕자를 불렀습니다.

"지금부터 그동안 너희들이 갈고 닦은 능력을 시험해 보려고 한다. 각자에게 하나씩 임무를 줄 테니 능력을 마음껏 발휘해 보아라. 먼저 첫째 왕자는 들어라."

"예."

부루 왕자가 앞으로 나와 무릎을 꿇자 단군 임금은 명을 내렸습니다.

"저 대륙 쪽에 황하라는 강이 흐르고 있는 것을 알 것이다. 그 황하 중류 지역에 '하'라는 나라가 있다. 그 나라 임금 우가 황하의 홍수를 다스리는 큰일을 마무리 짓고 도산이란 곳에서 축하

행사를 한다고 사신을 보냈더구나. 너는 조선을 대표해서 그 자리에 참석하고 오너라. 가서 여러 나라 사신들을 만나 조선이 어떤 나라인지 널리 알리도록 하여라."

말을 마친 단군 임금은 부루 왕자에게 조선의 유명한 옥과 비단, 활을 내려 주었어요. 우 임금에게 보낼 축하 선물이었지요.

그 다음 둘째 왕자를 불렀습니다.

"부소야, 우리 조선은 험한 산들이 많고 산에는 사나운 짐승들이 적지 않다. 예로부터 우리 백성들은 호랑이, 늑대와 같은 짐승들의 해를 많이 입었다. 부소 왕자는 해로운 짐승들을 물리칠 방법을 연구해 보거라. 백성들의 어려움을 해결해 주는 것이 임금의 일이고, 왕자의 일이다. 알겠느냐?"

"예, 알겠사옵니다."

손재주가 뛰어나 뭐든지 잘 만드는 부소 왕자가 씩씩하게 대답했습니다.

다음으로 단군은 셋째 왕자를 바라보았습니다.

"부우는 앞으로 나와 내 말을 들어라. 조선의 백성들이 늘어나면서 아픈 사람도 많아졌다. 내 백성들이 밖으로는 짐승들 때문에, 안으로는 병 때문에 큰 고통을 당하고 있다. 너는 어릴 때부터 아픈 사람을 돌보는 능력이 있었다. 네 능력을 발휘하여 아픈 이들의 병을 고칠 수 있는 여러 가지 약을 만들어 보아라."

"예. 분부하신 것은 제가 늘 생각해 오던 일입니다. 질병에 맞는 갖가지 약을 만들어 아픈 백성들을 고쳐 주도록 하겠습니다."

밝은 얼굴로 왕자들의 대답을 듣던 단군 임금이 이번에는 좀 어두운 얼굴로 막내 왕자를 바라보았습니다.

"부여야! 너는 좀 어려운 일을 해 주어야겠다. 너도 알겠지만 그동안 우리 조선의 백성으로 잘 지내던 이족들이 난을 일으키려 한다는 보고가 들어왔다. 이족들도 이제는 자기네 나라를 세우겠다고 나서고 있으니 어쩔 수가 없구나. 네가 장수들을 거느리고 가서 이족들의 난을 진압하고 오너라. 네 용맹함을 믿는다만 멀고 힘든 길이 될 것이다. 할 수 있겠느냐?"

"예, 할 수 있습니다. 그건 제가 바라던 일이옵니다."

막내였지만 어려서부터 용맹스러웠던 부여 왕자가 힘차게 대답했습니다. 단군 임금은 어느새 훌쩍 자란 왕자들을 보며 마음이 든든해졌습니다.

부루 왕자와 부여 왕자는 길을 떠났습니다. 부루는 사신 일행을 이끌고 도산으로 떠났고, 부여는 장수들을 거느리고 북쪽의 이족들을 정벌하기 위해 길을 나섰습니다. 뒤에 남은 부소 왕자와 부우 왕자는 방에 틀어박혀서, 때론 들판과 산을 돌아다니면서 짐승들을 물리칠 방법과 백성들의 병을 고칠 방법을 연구했어요.

어느덧 일 년이 흘렀습니다. 그사이 하나라에 사신으로 갔던 부루 왕자는 무사히 임무를 마치고 돌아왔습니다. 더불어 하나라를 비롯한 여러 나라와 평화 조약을 맺는 성과를 내었지요. 부루 왕자는 사신으로 다녀온 결과를 단군 임금께 보고했습니다.

"이번 사신 길에서 가장 기억에 남는 것은 우 임금이 홍수를 다스린 이야기이옵니다. 우 임금은 홍수를 다스리기 위해 물을 막는 것이 아니라 물길을 터 주는 방법을 사용했다고 하옵니다. 황하 여러 곳에 작은 샛강을 만들어 장마로 인해 넘치는 물이 그곳으로 흘러가게 하여 황하가 넘치지 않게 했다는 것이옵니다.

우 임금은 참으로 지혜로운 사람이었습니다. 저는 돌아오는 길 내내 우 임금이 홍수를 다스린 방법에 대해 곱씹어 보았습니다. 결국 백성을 다스리는 방법도 그와 다르지 않다는 것을 알았습니다. 백성의 목소리를 막기만 하면 홍수가 나는 것을 피할 수 없을 것이옵니다. 샛강을 파듯 백성들의 원망을 듣고 해결할 수 있는 통로를 만들어 주는 것이 바른 정치라는 것을 깨달았사옵니다."

"네가 큰 깨달음을 얻었구나. 그것이 바로 조선을 이 땅에 세운 하늘님의 뜻이기도 하다. 조선이 바른 정치를 버린다면 하늘님도 조선을 버릴 것이다. 명심해야 하느니라. 나는 네가 무사히 돌아온 것도 기쁘지만 큰 깨달음을 얻고 돌아온 것이 더 자랑스럽구나."

단군 임금은 부루 왕자가 더없이 믿음직스러웠습니다.

부루가 돌아온 지 얼마 지나지 않아 넷째 부여 왕자가 전쟁에서 승리했다는 소식을 안고 돌아왔습니다. 성문 밖에서부터 환영하는 백성들이 몰려들었고, 성안에는 단군 임금과 신하들의 환영식이 마련되어 있었지요.

부여는 단군과 함께 제천단에 나아가 제사를 올렸습니다. 승리의 소식을 하늘님과 환웅님께, 그리고 여러 신들께 알리기 위한 제사였습니다.

제사 뒤에는 흥겨운 축하 잔치가 펼쳐졌습니다. 먹고 마시고 웃고 떠드는 가운데 단군이 부여 왕자에게 말했습니다.

"부여야, 이족들과 싸운 이야기를 좀 들려주렴. 네 형들도, 신하들도 모두 궁금해 할 테니 말이다."

부여 왕자는 기억을 더듬는 듯하더니 곧 말을 이어 갔습니다.

"사실 싸움은 싱겁게 끝났습니다. 제가 아사달을 떠난 뒤 조선이 군사를 일으켰다는 소식이 말처럼 빨리 이족들에게 전해진 모양입니다. 나중에 들어 보니 조선군에 맞서기 위해 이족들끼리 서로 힘을 합하려고 회의를 했답니다. 그런데 족장들이 서로 대장을 하겠다고 우기는 바람에 회의가 깨졌다고 합니다. 저는 그 보고를 받고 먼저 대륙 북쪽에 터를 잡고 있는 이족 부이를 공격했습니다. 이족들 가운데서는 부이가 가장 많은 백성과 땅을 가지고 있었으니까요."

"그래서 어떻게 싸웠느냐? 그게 궁금하구나."

부소 왕자가 답답한지 끼어들며 물었습니다. 부여 왕자는 목을 축인 뒤 천천히 이야기를 시작했습니다.

"포위하고 위협하면서 천천히 공격하는 것, 바로 아바마마께서 마고족과 싸울 때 썼던 작전을 사용했습니다. 부이족은 보름을 못 버티고 흰 깃발을 들더군요. 그러자 그 소문이 금방 다른 이족들에게 퍼진 모양입니다.

부이 족장의 항복 서약을 받은 뒤 다음 싸움을 위해 휴식을 취하고 있는 사이, 남쪽 지방의 다른 이족들이 보낸 사신이 하나둘 도착했습니다. 모두 항복하겠다는 뜻을 전해 온 것입니다. 질 게 뻔한 전쟁을 피하자는 뜻이었겠지요.

그래서 그 다음부터는 전쟁을 한 것이 아니고 조선군의 힘을 자랑하는 행진을 했습니다. 그저 각 이족들의 땅에 들어가 다시는 난을 일으키지 않겠다는 항복 문서를 받는 것이 전부였습니

다. 덕분에 우리 조선군은 죽거나 다친 사람이 거의 없습니다."

부여의 이야기에 단군은 고개를 끄덕이고, 신하들은 일제히 박수를 쳤습니다. 왕자들도 막내 동생을 대견스러워했지요.

"그런데 저는 아사달에 있던 형님들의 이야기도 궁금해요. 큰형님이 하나라에 다녀온 이야기야 들어서 이미 알고 있으니 이제 나머지 두 형님 이야기를 듣고 싶어요."

"네 두 형은 아사달에 있으면서 중요한 일을 했지. 그래, 부소부터 이야기해 보아라. 아우가 무척 궁금한 모양이구나."

아우의 이야기를 듣던 부소가 입을 열었어요. 다 아는 이야기를 다시 한다는 것이 쑥스러운 듯 겸연쩍게 웃으면서 말입니다.

"부여야, 너도 알듯이 불이 참 중요하지. 그동안 난 짐승들을 물리칠 방법을 찾다가 짐승들이 불을 무서워한다는 것을 알게 되었단다. 그래서 집집마다 마당에 불을 피워 놓게 했지. 그전에 불은 부엌에 보관하는 불씨를 이용해 음식을 만드는 데만 썼지만 이제는 짐승들을 물리치는 무기가 되었단다.

그런데 불은 시간이 지나면 꺼지는 게 문제야. 안 꺼뜨리려면 돌아가며 밤새 불을 지켜야 하고, 혹시라도 꺼지면 이웃집에 불씨를 빌리러 달려가야 하지 않았니? 불이 꺼져도 쉽게 피울 수

있는 방법이 없을까? 그게 가장 큰 고민이었단다.

그러던 어느 날 들판을 거닐다가 돌들이 부딪히면서 불꽃이 튀는 것을 발견했단다. 저거다 싶어 여러 돌을 가지고 실험을 해 보았는데 특히 하얀 차돌에서 불꽃이 잘 튀더구나. 그래서 그 사이에 마른 풀을 놓고 몇 번 내리치니까 불이 붙었단다. 그 순간, 정말 기뻐 소리를 지르면서 펄쩍펄쩍 뛰었지. 그리고 단숨에 궁으로 달려와 아바마마께 말씀드리고 나서 이 방법을 백성들에게 알렸단다. 한동안 저 압록강가에 백성들이 가득했지. 차돌 주우러 다니느라고 말이야. 바로 이 돌이란다."

부소는 부여에게 차돌 두 개를 보여 주었습니다.

"백성들이 그 돌을 뭐라고 부르는지 아느냐?"

단군 임금이 웃으며 부여에게 물었습니다. 다른 왕자들과 신하들은 모두 빙그레 웃기만 했고 부여 왕자 혼자 어리둥절했습니다. 그때 부루 왕자가 말했어요.

"부소 왕자가 찾은 돌이라고 해서 '부싯돌'이라고 한단다. 부소 돌을 빨리 말하다 보면 부싯돌이 되지. 재미있지 않니? 백성들은 부소 왕자 덕에 짐승을 물리치는 일도, 음식을 만드는 일도 쉬워졌다고 무척 좋아한단다."

"와, 둘째 형님은 좋겠는데요. 백성들한테 인기가 많으니 말이에요."

부여 왕자가 부러운 듯 쳐다보자 부소는 부우 왕자를 가리켰어요.

"인기로 따지면 나보다 부우가 더 낫지. 부싯돌의 원리는 한 번만 알면 되지만 약은 그렇지가 않아. 지금도 부우를 찾는 백성들은 줄을 잇고 있단다."

자리에 앉아 있던 모든 사람들의 눈길이 부우에게 쏠렸어요. 부여도 셋째 형이 한 일에 대해 궁금한 눈빛을 보냈지요. 부우가 조용히 입을 열었습니다.

"부여야, 너도 알듯이 아바마마께서 나에게 주신 임무가 약을 찾고 만드는 것이었지. 나는 약을 찾기 위해 하루 종일 산과 들을 돌아다녔단다. 저녁엔 구해 온 여러 가지 풀, 열매, 뿌리를 하나하나 맛보면서 특징을 기록했지. 그리고 어디에 효과가 있는지 내 몸에 시험도 해 보고, 아픈 백성들이 있으면 찾아가서 약을 써 보기도 했단다. 식물만이 아니라 짐승들의 살이나 뼈, 바위나 흙 같은 것도 약이 되는지 하나하나 실험해 보았지.

그러다가 어떤 때는 독풀을 씹거나 독벌레에 물려 온몸이 부

어오르고 며칠씩 정신을 잃기도 했단다. 그래도 죽지는 않았지. 그렇게 쓰러져 있을 때면 꿈속에 환웅 할아버지가 나타나셔서 여러 가지 약초를 보여 주셨어. 그러고는 내 어깨를 두드리면서 말씀하시지. 어서 일어나 약초를 찾으러 가라고 말이야.

이제는 약에 대해 많은 것을 알게 되었단다. 그래서 백성들에게는 배가 아프거나 머리가 아플 때 먹는 약, 벌레나 짐승에게 물렸을 때 바르는 약을 만드는 손쉬운 방법을 가르쳐 줄 수 있게 되었지."

"내가 돌아와 보니 사람들의 칭송이 자자하던데! 하늘이 내린 의사 덕분에 건강하게 살 수 있게 되었다고 말이야. 부여야, 부우는 지금 병과 약에 대한 책까지 쓰고 있단다."

부루 왕자의 말에 부여가 깜짝 놀라며 물었습니다.

"와, 책까지! 작은형님, 다 썼어요? 언제 좀 보여 주세요."

단군 임금은 웃고 떠드는 왕자들의 모습을 조용히 바라보았습니다. 훌륭하게 임무를 마친 왕자들이 너무나 자랑스러웠어요. 이제는 나라를 물려주어도 괜찮겠다고 생각했지요. 자신이 스무 살이 되었을 때 승천한 아버지 환웅 천왕처럼 단군은 이제 인간 세상을 떠날 때가 되었다고 생각했습니다.

태백산 산신이 된 단군

 그해 겨울이 지나고 새해가 되었을 때 단군 임금은 태백산으로 올라갔습니다. 신성한 박달나무 아래서 홀로 제천 의식을 올리며 하늘에 뜻을 고했습니다.
 "하늘님의 뜻에 따라 이 땅에 조선을 세워 백성들을 널리 이롭게 하였나이다. 제가 할 일은 모두 마무리되었사옵니다. 이제 왕위를 부루 왕자에게 물려주고 아버지 환웅 천왕이 계시는 하늘나라로 올라가고자 하옵니다. 부디 제 뜻을 받아 주옵소서."

북을 두드리며 기원을 올리자 하늘에서 빛이 내려와 제단과 단군을 감쌌습니다. 단군은 그 빛 속에서 아버지 환웅 천왕의 목소리를 들었습니다.

"하늘님의 뜻을 이룬 내 아들아, 네가 자랑스럽다. 나도 이제 너와 하늘나라에서 함께 지내고 싶구나. 그러나 하늘님의 뜻은 네가 땅에 머물면서 조선의 백성들을 영원토록 지키는 것이다. 하늘님의 뜻을 받들어 태백산의 산신이 되어 땅 위에 머물도록 하여라."

단군은 하늘로 오르지 못한 것은 아쉬웠지만 산신이 되어 후손과 백성들 가까이에 있는 것도 좋은 일이라고 생각했습니다.

산에서 내려온 단군은 왕자들을 불렀습니다.

"아들들아, 내가 너희를 떠날 때가 되었다."

네 왕자는 놀란 얼굴로 아버지 단군을 쳐다보았습니다.

"내가 전에 말한 적이 있을 것이다. 내 아버지 환웅님께서 내가 스무 살이 되었을 때 승천하셨다는 이야기 말이다. 이제 부루 왕자가 스무 살이 되었으니 내가 떠날 때가 되었구나. 허나 하늘님 환인께서 나의 승천을 허락하지 않으셨다. 나에게 태백산의 산신

이 되어 땅에 머물라고 하셨다. 너희와 이 나라 조선, 그리고 백성들을 지키라는 명령을 내리신 것이다. 이것이 조선을 세운 내 운명인 모양이다."

"하늘님의 뜻이 그렇더라도 아직 저희는 어리석은 아이들일 뿐이옵니다. 그런 저희들이 어떻게 이 큰 조선을 이끌어 나갈 수가 있겠사옵니까?"

부루 왕자의 말에 다른 왕자들도 고개를 끄덕였어요.

"그렇지 않다. 이미 내가 하나씩 임무를 맡겨 너희들의 능력을 시험해 보았다. 너희에게는 조선을 이끌 충분한 능력이 있으니 걱정 말아라. 하늘에서는 하늘님이, 땅에서는 내가 너희들을 지킬 것이다."

걱정스러하는 왕자들을 향해 단군은 선언했습니다.

"나는 이제 장남 부루에게 왕위를 물려줄 것이다. 부루 왕자는 백성들의 말에 귀를 기울일 줄 아는 어진 사람이다. 그리고 부소, 부우, 부여야. 너희들은 각자 특별한 능력을 가지고 있다. 그 능력으로 어진 형을 잘 도와준다면 이 나라 조선은 근심이 없는 나라가 될 수 있을 것이다. 알겠느냐?"

세 왕자는 아버지 앞에서 부루 왕자를 돕겠다고 맹세했어요.

단군 임금은 네 왕자가 손을 맞잡고 약속하는 모습을 흐뭇하게 바라보았지요.

단군 임금은 다시 왕자들을 향해 입을 열었습니다.

"부루야, 네가 왕위에 오르면 제일 먼저 할 일이 있다."

부루 뿐만 아니라 나머지 왕자들도 호기심에 눈을 반짝였어요.

"부루야, 몇 해 전 조선 건국의 역사를 이야기할 때 네가 범신 종족에 대해 물었던 것을 기억하느냐?"

"예. 범이 동굴을 뛰쳐나간 것은 경쟁에서 진 것이라고 말씀하셨습니다."

"그렇지. 잘 기억하고 있구나. 범신 종족은 그 뒤 조선의 백성이 되기를 거부하고 이 땅을 떠났단다. 나는 그동안 조선의 기틀을 닦으면서도 그것이 늘 마음에 걸렸다. 너는 범신 종족의 행방을 찾아 그들의 마음을 위로해 주어라.

너희들은 곰신 종족의 핏줄을 타고났지만 범신 종족과도 화해하고 평화롭게 살아야 한다. 그들도 조선의 백성이 되었으면 하는 것이 내 마지막 소원이다."

"아바마마의 말씀을 명심하겠습니다."

부루 왕자가 씩씩하게 대답하자, 아우들도 명심하겠다고 목

청을 높였어요. 왕자들의 대답을 들으며 단군 임금은 지그시 눈을 감았습니다. 단군 임금의 머릿속에는 범신 종족들이 찾아와 손을 내미는 모습이 그림처럼 떠올랐습니다.

마침내 태백산이 꽃으로 뒤덮인 삼월 삼일이 되었습니다. 이 날은 왕위를 물려주는 의식과 제천 의식이 함께 이루어지는 날이었습니다.

태백산의 신성한 박달나무 아래 마련된 제천단으로 단군 임금과 네 왕자, 왕비와 할머니 웅녀가 함께 올라갔습니다. 그리고 신하들과 이웃 나라의 사신들, 백성들이 그 뒤를 따랐지요.

하늘을 향해 기도를 올린 단군 임금은 제천단을 뒤로 하고 돌아서서 입을 열었습니다.

"조선의 백성들이여! 이제 나는 하늘님의 뜻에 따라 부루 왕자에게 왕위를 물려주노라. 부루 왕자는 앞으로 나와 하늘님의 뜻을 받으라.

부루는 내 뒤를 이어 널리 인간 세상을 이롭게 하라는 하늘님의 뜻, 조선을 이 땅에 세운 하늘님의 큰 뜻을 펼치도록 하라."

둥둥둥 북소리에 맞춰 하늘에서도 아름다운 음악 소리가 내려와 울려 퍼졌습니다. 그 음악을 들으며 단군 임금은 세 개의 천부인을 새 임금 부루에게 물려주었습니다.

부루가 천부인을 건네받자 하늘에서 한 줄기 빛이 내려와 그의 온몸을 감쌌습니다. 신하들과 백성들은 '부루 임금님!'을 외치며 환호성을 질렀어요. 하늘님이 부루를 새 임금으로 인정했다는 뜻이었으니까요.

이렇게 하여 부루는 조선의 두 번째 단군이 되었습니다. 단군 임금이 산신이 된 뒤에는, 왕위를 물려받은 후손을 모두 단군이라 불렀어요. 단군이란 말은 원래 제천 의식을 이끄는 사람, 나라를 다스리는 임금이란 뜻을 함께 가진 말이었으니까요.

부루 단군은 바로 천부인을 들고 아버지가 했던 것처럼 제천 의식을 시작했습니다. 청동 거울과 칼을 허리에 차고 북을 두드리면서 하늘에 기원을 올리기 시작했지요. 그때 이미 단군은 인간의 몸을 벗을 준비를 마치고 제천단 위에 올라가 있었어요. 조용히 눈을 감고 하늘을 우러러 서 있었지요.

부루의 노래와 춤이 계속되는 가운데 오색구름이 제천단에 드리워졌습니다. 신하들과 백성들은 쉬지 않고 절을 올리고 있었지요. 그때 구름을 뚫고 한줄기 빛이 내려오더니 우레와 같은 목소리가 울려 나왔습니다.

> 나의 아들 단군아, 네가 위대한 조선을 이루었구나. 자랑스러운 나의 아들아, 이제 너를 태백산 산신으로 봉하노라. 너는 이 신성한 태백산에 머물며 영원토록 네가 이룩한 조선을 지키도록 하여라.

목소리가 잦아들자 빛도 하늘로 올라갔습니다. 얼마 뒤 제천단을 감싸고 있던 오색구름마저 사라지자 새 임금 부루와 왕자들은 모두 제천단을 향해 무릎을 꿇고 절을 올렸어요.

그런데 제천단에는 이미 아무것도 보이지 않았습니다. 단군 임금은 인간의 몸을 버리고 산신이 되었으니까요.

백성들은 빈 제천단 아래에서 '단군 임금 만세, 태백산신 만세!'를 외치며 열 번 백 번 쉬지 않고 절을 올렸어요. 산꼭대기에 드리운 흰 구름처럼, 흰옷을 입은 백성들의 절은 오래도록 이어졌습니다. 그것은 우리 조선을 영원토록 지켜 달라는 백성들의 간절한 염원이었습니다.

부루 단군, 범신 종족과 화해하다

　조선의 두 번째 단군이 된 부루 임금은 아버지 단군의 유언을 가장 먼저 처리하고자 곧바로 신하들을 불렀습니다.
　"아버지께서 제게 남긴 유언이 있습니다. 범신 종족을 찾아 조선의 한 겨레로 만들어 함께 평화를 누리라는 유언이었습니다. 그대들은 조선을 세우기 전부터 아버지를 모시던 분들이니 옛일을 잘 아실 것입니다. 범신 종족이 지금 어디에 사는지 알고 계시면 제게 말씀해 주십시오."

"그때 일은 제가 자세히 기억하고 있사옵니다."

조선의 역사를 기록하는 신하가 앞으로 나와 입을 열었어요.

"하얀 범을 조상신으로 모시는 범신 종족은 자존심이 강한 사람들이옵니다. 곰신 종족에게 패배하자 조선을 등지고 다른 땅으로 떠나겠다고 하여 저희들이 말렸지만 소용이 없었사옵니다. 그들 안에서도 싸움이 일어나 한 갈래는 남쪽 묘향산 쪽으로, 한 갈래는 북쪽 흑룡강 쪽으로 떠났다고 들었사옵니다. 하지만 이미 오랜 세월이 흘러 지금 그들이 어디에 있는지는 소신도 모르겠사옵니다."

"어떻게 하면 그들을 찾을 수가 있겠습니까?"

부루 단군이 묻자, 이번에는 여러 종족에게 보내는 문서를 담당하는 신하가 나서서 대답했어요.

"지금 조선은 큰 나라이옵니다. 아사달의 많은 종족들 가운데 범신 종족이 있는 곳을 아는 자가 있을 것입니다."

부루 단군은 고개를 끄덕이며 말했어요.

"참으로 옳은 생각입니다. 그대들은 지금 곧 마땅한 사람을 찾아보기 바랍니다."

며칠 뒤 신하들은 두 사내를 부루 단군 앞에 데리고 왔습니다.

"키가 큰 자는 저 북쪽에 사는 곰신 종족인데 자기들 말로 '나나이'라 하옵고, 키가 작은 자는 남쪽 한수* 부근에서 온, 물의 신을 섬기는 수신 종족이옵니다. 이들이 범신 종족이 있는 곳을 안다고 하옵니다."

"오, 정말인가?"

두 사내는 처음 보는 부루 단군이 두려운지 엎드린 채 고개만 끄덕이고 있었습니다. 두 사내를 내려다보던 부루 단군은 곧 아우들을 불렀습니다.

"여봐라. 부소와 부우를 급히 모셔 오너라."

무슨 일인가 하여 달려온 두 아우에게 부루 단군은 들뜬 목소리로 말했어요.

"여기 이 사람들이 범신 종족이 있는 곳을 안다고 한다. 이 사람들을 앞세우고 범신 종족을 찾아 우리 조선의 뜻을 전했으면 좋겠다. 아버지의 유언이니 우리가 이루어야 하지 않겠느냐? 힘들겠지만 나를 대신해 아우들이 먼 길을 다녀왔으면 좋겠구나."

* 한수 : 한강의 옛 이름.

"당연한 말씀입니다. 힘들다고 어찌 마다할 수 있겠습니까?"

"부소 형님 말이 맞습니다. 막내 부여는 군사를 책임지고 있으니 저희 둘이 마땅히 다녀와야지요. 걱정하지 마십시오."

부루 단군은 먼 길을 떠나는 동생들이 걱정되어 멀리까지 배웅을 나갔습니다. 하지만 떠나는 동생들은 남아 있는 부루 임금과 막내 동생을 더 염려했습니다.

부소와 부우가 떠난 지 석 달 가까이 흘렀습니다. 말을 타고도 몇 달씩 걸리는 먼 길이라 두 아우가 다치지는 않았는지, 아프지는 않은지, 부루 단군은 걱정하지 않는 날이 없었어요. 하루하루 초조하게 기다리던 어느 날, 남쪽으로 갔던 둘째 동생 부우가 먼저 돌아왔습니다. 부루 임금은 달려가 아우를 끌어안았습니다.

"많이 기다리셨지요? 여기 함께 오신 분은 묘향산 범신 종족의 족장이옵니다."

소개를 받은 족장이 부루 임금을 향해 허리를 굽혔습니다. 범신 족장은 머리를 길게 땋고 호랑이 가죽옷을 입고 있었어요.

"먼 길 오시느라 고생 많으셨습니다. 자세한 사정은 제 아우에게 들으셨을 줄 압니다. 우리는 조선을 세운 단군 임금의 뜻에 따라 범신 종족과 화해하고 싶습니다. 저희들의 마음을 받아 주시겠습니까?"

"예. 제 아버지의 말에 따르면 곰신 종족에게 지고 난 뒤 우리 종족은 조선을 떠나자는 쪽과 그래도 조선에 남자는 쪽으로 나뉘어 서로 다투었다고 합니다. 결국 남아 있자고 했던 제 아버지 쪽은 뜻을 같이하는 사람들과 무리를 이뤄 묘향산으로 내려왔다고 합니다.

태백산을 떠났지만 조선을 버린 것은 아니었습니다. 조선은 우리를 잊었는지 몰라도 우리는 지금까지 조선의 백성으로 살고 있습니다. 우리 종족은 환웅님이 흰 호랑이와 결혼하여 단군 임금을 낳았다는 이야기를 할 정도로 자부심을 가지고 살아왔사옵니다. 우리 종족은 단군 임금께서 우리를 기억하신 일에도, 부루 임금께서 우리를 찾아 주신 일에도 모두 감격하였사옵니다."

부루 임금은 자리에서 내려가 묘향산 범신 족장의 두 손을 잡아 일으켜 세웠습니다.

"이렇게 다시 만나게 되어 기쁘기 그지없습니다. 아직 북쪽으로 간 다른 아우가 돌아오지 않았지만 거기서도 좋은 소식이 올 것 같은 예감이 듭니다. 축하는 그때 함께 하기로 하고, 그때까지 아사달에서 편히 쉬시길 바랍니다."

그날 저녁 부루 임금은 아우 부우와 더불어 왕궁 안에 마련된 제천단에 나아가 조용히 기원을 올렸습니다. 아우 부소가 뜻을 이루고 무사히 돌아오기를 하늘님께 빌었습니다.

한 달이 더 지난 뒤 마침내 부소가 지친 몸을 이끌고 아사달로 돌아왔습니다. 찢어진 옷과 얼굴에 난 상처로 힘든 여정을 짐작할 수 있었지만 표정은 하나도 어둡지 않았습니다. 혼자 돌아온 것이 아니었으니까요.

"형님, 아니 단군마마. 하늘님의 보호 아래 무사히 돌아왔습니다."

"몹시도 기다렸구나. 부우는 벌써 한 달 전에 돌아왔단다."

부소는 소식을 듣고 달려 나온 부우를 끌어안았습니다. 두 형제의 눈에서는 뜨거운 눈물이 흘러내렸습니다. 부루 임금도 두 아우를 함께 끌어안았습니다.

잠시 뒤 부소가 눈가를 훔치며 함께 온 사람을 소개했어요.

"이분은 저 멀리 아무르 강가의 숲속에 사는 범신 종족의 족장입니다. 우리 조선의 마음을 알고 먼 길을 함께 오셨습니다."

"잘 오셨습니다. 제가 조선 백성을 대신하여 환영합니다."

부루 임금의 환영에 호랑이 가죽옷을 입은 아무르 범신 족장이 허리를 숙이며 입을 열었습니다.

"환영해 주셔서 고맙습니다. 우리 조상들께 들으니 우리 종족은 오래전에 이곳을 떠났다고 하옵니다. 이번에 부소님을 따라온 길은 아마도 제 조상들이 딛고 온 그 길이 아닐까 싶습니다.

자존심이 셌던 우리 범신족은 환웅님이 곰신족과 혼인을 하자마자 조선을 떠났다고 합니다. 몇 달에 걸친 고생스런 여정 끝에 아무르 강가에 자리를 잡았고 이후 사냥을 하면서 지금까지 살아왔사옵니다. 그때 아사달을 떠났던 어른들은 모두 돌아가시고 이제는 그분들의 기억을 입에서 입으로 전해 오고 있사옵니다."

"이미 제 아우에게 들으셨겠지만 우리 조선은 범신족을 형제처럼 여기고 있습니다. 환웅 천왕의 아드님이신 단군 임금께서 우리에게 물려주신 마음입니다. 이미 같은 겨레인 묘향산 범신족의 족장께서도 여기에 와 계십니다. 이제 두 범신 종족도 서로 화해하시고, 더불어 우리 조선과도 화해하시는 것이 어떻겠습니까? 모두 함께 조선국의 백성으로 살아가도록 합시다."

"돌아가신 제 아버지께서 이런 말씀을 하신 적이 있사옵니다.

굿을 하던 중에 내려오신 범신의 말씀이라고 하더군요. 먼 훗날 남쪽에서 손님이 올 텐데 우리의 미래가 거기 달려 있다고 하셨습니다. 저는 조선국의 백성이 되는 것은 하늘의 뜻이고, 우리 조상신인 범신의 뜻이라고 생각하옵니다."

"맞는 말씀이오."

마침 소식을 듣고 나와 있던 묘향산 범신족 족장이 맞장구를 쳤어요. 두 족장은 금세 서로를 알아보았지요. 모두 호랑이 가죽 옷을 입고 있었으니까요. 두 족장은 부루 단군이 보는 앞에서 조상들의 묵은 감정을 털어 버리고 다시 손을 잡았습니다.

부루 임금은 며칠 뒤 날을 잡아 산신을 모시는 제사를 올렸습니다. 아버지 단군의 유언을 이루었다는 것을 태백산 산신 아버지께 알리기 위해서였지요. 태백산 제천단 아래 산신을 모시는 제단을 마련하고 산신이 내려오기를 빌었습니다. 부루 임금의 세 아우들과 아무르 범신 족장과 묘향산 범신 족장이 함께 엎드렸습니다.

그때 휘익 강한 바람이 불었습니다. 나무가 흔들리고 제단이 떨리더니 아무것도 보이지 않는 가운데 제단 위에서 범처럼 우렁

찬 목소리가 울려 나왔습니다.

　나의 아들들아, 마침내 너희들이 내 마지막 소원을 이루었도다. 마침내 널리 인간 세상을 이롭게 하라는 하늘님의 뜻을 이루었도다. 인간 세상의 화해와 평화를 이루었도다. 자랑스러운 조선의 자손들아, 내가 너희들을 쎄쎄토록 지키리라. 영원토록 도우리라.

　아버지 단군 임금을 다시 만난 부루 임금은 가슴이 뛰었어요. 제단 앞에 엎드린 부루 임금은 조선 백성을 이롭게 하기 위해 남은 목숨을 바치리라 다짐했어요. 산신 단군의 목소리를 듣고 있는 부소, 부우, 부여 형제들과 범신족의 두 족장, 그리고 수많은 백성들의 가슴은 조선에 대한 자부심으로 가득했습니다.

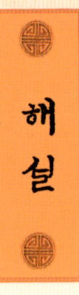

진짜 고조선 건국신화를 찾아서

단군 신화를 모르는 한국 사람이 있을까요? 우리가 잘 알듯 단군 신화는 고조선의 건국신화입니다. 단군이 세운 나라는 조선이지만 태조 이성계가 세운 조선과 구별하기 위해 옛 조선, 곧 고조선이라는 이름을 쓰고 있지요.

천상의 왕인 환인의 아들 환웅이 태백산의 신성한 박달나무 아래로 내려옵니다. 그곳에서 곰이었던 웅녀와 결혼해 낳은 아들 단군이 나라를 세워 백성들을 다스리다가 아사달의 태백산으로 들어가 산신이 되지요. 이 짤막한 이야기가 고조선의 건국신화입니다.

이런 단군 이야기는 일연이 쓴 『삼국유사』에 실려 있습니다. 한데 『삼국유사』의 단군 신화는 일연이 새로 쓴 이야기가 아닙니다. 13세기에 전해지던 몇몇 책의 단군 이야기를 모아 일연이 다시 엮어 놓은 것이지요. 13세기면 고조선이 사라진 지 천 년도 더 지난 때이지만 단군에 관한 여러 가지 이야기들이 입으로 글로 전해지고 있었겠지요. 그 가운데는 일연이 본 것도 있고 못 본 것도 있고, 들은 것도 있고 못 들은 것도 있었을 것입니다. 그중 네 기록, 곧 『위서』 『고기』 『배구전』 『통전』만 선택되어 우리가 아는 『삼국유사』의 단군 신화가 된 것입니다. 가장 중요한 기록은 물론 『고기』입니다. 우리가 아는 단군 신화가 『고기』에 들어 있으니까요.

그런데 『삼국유사』 전후에 나온 여러 기록을 보면 단군에 관한 다른 이야기가 적지 않았습니다. 환웅에게 단군 말고 여러 아들이 있었다는 이야기, 환웅과 결혼한 이는 웅녀가 아니라 흰 호랑이라는 이야기, 단군이 마고할미와 싸우는 이야기도 있습니다. 그러면 당연히 이런 물음을 떠오르겠지요. 어떤 게 진짜 단군 신화일까? 고조선 사람들은 정말 어떤 건국신화를 이야기했을까? 일연이 엮지 않은 이야기들을 모두 엮으면 어떤 단군 신화가 될까? 이 책은 이런 물음에서 시작되었습니다.

지금까지 책으로 나온 단군 이야기는 물론 많습니다. 유아들을 위한 그림책, 어린이들을 위한 옛이야기, 그리고 만화에 이르기까지 다양한

형식의 이야기가 있지요. 하지만 어떤 책은 『삼국유사』의 단군 신화를 그대로 옮긴 것이고, 어떤 책은 작가의 상상력이 지나쳐 건국신화는 사라지고 옛날이야기만 남은 모습입니다.

　우리 아이들에게 흥미진진하면서도 진짜 고조선 단군 신화에 가까운 모습을 보여 줘야 하지 않을까? 이 책은 이런 고민 속에서 옛 책에 기록된 단군 이야기들과 입으로 전해 오는 단군 이야기들을 모아 다시 엮은 것입니다. 마치 조각 천들을 모아 예쁜 조각보를 만들 듯 흩어져 있는 자투리 이야기들을 모아 상상력으로 바느질을 해 보았습니다.

　단군만이 아니라 네 아들의 이야기를 넣었고, 동굴을 뛰쳐나간 호랑이의 자취도 추적했고, 단군을 낳은 뒤 웅녀는 어떻게 되었는지 『삼국유사』에도 나와 있지 않은 이야기들을 넣었습니다. 그러다 보니 『삼국유사』의 단군 신화보다는 훨씬 길고 새로운 이야기가 되었습니다. 그러나 허투루 꾸민 이야기는 아닙니다. 다 근거가 있고, 있을 법한 이야기랍니다.

단군 신화를 비롯한 건국신화는 역사적 사실에 대한 기록이 아니라 건국의 역사를 신성하게 꾸민 이야기입니다. 그래서 하늘과 땅의 신들이 등장하고 신성한 동물들이 출현하고 뛰어난 영웅들이 활약을 펼칩니다. 때로는 전쟁조차 아름답고 그럴 듯하게 꾸며지기도 합니다. 그러니까 환웅과 웅녀가 결혼하여 단군을 낳았다는 것, 단군이 1908세까지 살았다는 것을 사실로 여길 필요는 없습니다. 중요한 것은 상징입니다. 왜 환웅이 하늘에서 내려왔다고 하고, 곰이 인간으로 변신했다고 말하는지, 그리고 단군은 왜 그렇게 오랫동안 나라를 다스렸다고 말하는지, 단군의 네 아들이 한 일은 무엇을 말하는지, 단군과 마고의 싸움은 또 무슨 의미인지, 이야기의 숨은 뜻이 중요한 것이지요. 책을 읽으면서, 그리고 읽고 나서 이런 물음들에 대해 곰곰이 생각해 보기 바랍니다.

조현설(서울대학교 국어국문학과 교수)

상상력의 보물창고 ◉ 한겨레 옛이야기

세상이 처음 생겨난 이야기 · 신화편
1. 창조의 신 소별왕 대별왕   신동흔 글 · 오승민 그림
2. 영혼의 수호신 바리공주   백승남 글 · 류준화 그림
3. 농사와 사랑의 여신 자청비   임정자 글 · 최현묵 그림
4. 사계절의 신 오늘이   유영소 글 · 한태희 그림
5. 염라국 저승사자 강림도령   송언 글 · 정문주 그림

조선을 사로잡은 영웅들의 이야기 · 인물편
6. 조선의 여걸 박씨부인   정출헌 글 · 조혜란 그림
7. 아기 장수 우뚜리   송언 글 · 정성화 그림
8. 박지원의 친구들   장주식 글 · 노을진 그림
9. 암행어사 박문수   박현숙 글 · 윤정주 그림
10. 조선의 영웅 김덕령   신동흔 글 · 김용철 그림

우리 산천에 얽힌 재미난 이야기 · 전설편
11. 다자구야 들자구야 할머니   송언 글 · 조혜란 그림
12. 백두산 천지가 생겨난 이야기   박상률 글 · 이광익 그림
13. 꽃들이 들려주는 옛이야기   송언 글 · 이영경 그림
14. 선비 뱃속으로 들어간 구렁이   최성수 글 · 윤정주 그림
15. 울지 마, 울산바위야   조호상 글 · 이은천 그림

이야기로 엿보는 조상들의 꿈과 희망 · 민담편
16. 돌이 어쩌구 개구리 저쩌구   박상률 글 · 송진희 그림
17. 누군 누구야 도깨비지   조호상 글 · 정병식 그림
18. 사마장자 우마장자   송언 글 · 박철민 그림
19. 구렁덩덩 뱀신랑   원유순 글 · 이광익 그림
20. 방귀쟁이 며느리   최성수 글 · 홍선주 그림

변하지 않는 고전의 그윽한 향기 · 고전소설편
21. 허생전   장주식 글 · 조혜란 그림
22. 춘향전   신동흔 글 · 노을진 그림
23. 이생규장전   백승남 글 · 한성옥 그림
24. 전우치전   송재찬 글 · 신혜원 그림
25. 금방울전   임정자 글 · 양상용 그림
26. 장화홍련전   김회경 글 · 김윤주 그림
27. 심청전   김예선 글 · 정승희 그림
28. 토끼전   장주식 글 · 김용철 그림
29. 한중록   임정진 글 · 권문희 그림
30. 구운몽   신동흔 글 · 김종민 그림